UN SECRET

Philippe Grimbert

Fiche de lecture

Rédigée par Pierre Weber, maitre en langues et littératures romanes
(Université catholique de Louvain)

lePetitLittéraire.fr

Retrouvez tout notre catalogue sur www.lePetitLitteraire.fr
Avec lePetitLittéraire.fr, simplifiez-vous la lecture !

4, rue Henri Lemaitre | 5000 Namur
www.primento.com
ISBN 978-2-8062-1406-5
Dépôt légal : D/2011/12.603/322

SOMMAIRE

UN SECRET

PHILIPPE GRIMBERT

Né à Paris en 1948, Philippe Grimbert est un écrivain et psychanalyste contemporain, qui a étudié la psychologie. Il travaille aujourd'hui aussi bien dans son propre cabinet parisien que dans des institutions spécialisées dans l'autisme et dans la psychose adolescente.

Il a publié trois romans aux Éditions Grasset : le premier, *La Petite robe de Paul* (2001), l'a fait connaitre ; le second, *Un secret* (2004), a remporté un énorme succès ; le troisième, *La Mauvaise rencontre*, est sorti en 2009. Passionné de musique, il a également publié plusieurs essais dont *Psychanalyse de la chanson* (1996).

• Né en 1948 à Paris
• Écrivain et psychanalyste français
• Quelques-unes de ses œuvres :
Pas de fumée sans Freud : psychanalyse du fumeur (1999), essai
La Petite robe de Paul (2001), roman
La Mauvaise rencontre (2009), roman

Une œuvre entre autobiographie, fiction et récit thérapeutique

En mai 2004, Philippe Grimbert publie *Un secret,* un roman autobiographique pour lequel il a reçu le Prix Goncourt des Lycéens 2004 et le Prix des Lectrices de Elle 2005. En 2007, Claude Miller en a réalisé une adaptation cinématographique avec Cécile de France, Patrick Bruel, Ludivine Sagnier et Julie Depardieu.

Le narrateur est un jeune garçon chétif né après la Seconde Guerre mondiale, fils unique de Tania et Maxime, des parents vigoureux. L'histoire de sa famille le tourmente et il est écrasé par un lourd secret dont il ne sait rien jusqu'au jour où, enfin, il en a la révélation. Ce changement de perspective fera basculer son destin.

1. RÉSUMÉ

Chapitre I

Le narrateur évoque le frère qu'il a toujours désiré avoir, et qu'il s'est construit en imagination : c'est **son double et son opposé**, un être aussi sûr de lui et vigoureux qu'il est malingre et décharné. Ses parents sont eux-mêmes de **grands sportifs**, qui tiennent un magasin d'articles de sport.

Un jour, lorsque le narrateur est encore enfant, il découvre dans un débarras un petit chien en peluche qu'il souhaite adopter. Ses parents se figent, le lui interdisent d'abord, puis finissent par céder. Le narrateur baptise le chien « Sim ». Dans ses pensées, il fait sans cesse vivre son frère, avec qui il a des disputes imaginaires.

À côté de chez eux habite **Mademoiselle Louise**, une dame d'une soixantaine d'années, accablée par un pied-bot, marquée par l'alcool et le tabac, **qui tient un cabinet de soins**. Elle est la complice et la confidente du narrateur.

Chapitre II

Pour meubler le silence de ses parents, **le narrateur a recomposé son histoire familiale**. Il imagine son père, Maxime, jeune séducteur plein d'assurance, et sa mère, Tania, jolie jeune femme qui défile pour des couturiers. Leur rencontre dans un stade de sport, leur histoire d'amour.

Ils s'aiment, emménagent ensemble, tiennent un magasin. **Quand la guerre arrive, ils quittent Paris** pour Saint-Gaultier, petit village d'Indre, où ils coulent des jours insouciants et heureux, loin du bruit, de l'agitation. Louise veille sur le magasin qu'ils ont laissé derrière eux.

À leur retour, **la vie reprend ses droits**. Tania insiste pour avoir un enfant, Maxime cède. Le narrateur nait, chétif et malade, dans les bras étonnés de parents si robustes.

Chapitre III

Le narrateur décrit son attitude à l'école : il est **studieux et appliqué, amoureux des livres** autant qu'il est maladroit en sport. Il évoque les membres de sa famille, qui lui rendent visite régulièrement. Mais sa préférée reste Louise, pour la complicité qui les unit.

Le temps passe, le narrateur a une quinzaine d'années et découvre peu à peu **ce qui s'est passé pendant la deuxième Guerre mondiale**. Un jour, alors qu'un documentaire sur la Shoah est diffusé à l'école, il se bat avec un garçon qui a lancé des blagues antisémites. Le narrateur raconte cet épisode à Louise, qui se décide alors à rompre le silence et à **lui livrer toute la vérité**.

Louise est juive, les parents du narrateur aussi. Ils ont d'abord été **beau-frère et belle-sur avant d'être mariés. Son père avait un fils, Simon**. Simon, un demi-frère réel, qui correspond si bien à ce frère imaginaire que le narrateur s'était inventé.

Chapitre IV

Grâce à Louise, **le narrateur recompose sa véritable histoire familiale**. Maxime, son père, a eu pour première épouse Hannah. C'est un amour plus serein, plus mûr que les conquêtes d'un jour qu'il a accumulées jusque-là. Mais lors du mariage, **il rencontre Tania**, sa belle-sur, et se sent transpercé dès qu'il l'aperçoit. Tania retourne heureusement à Lyon, où elle vit et travaille : la distance efface le désir coupable.

Maxime et Hannah ont un enfant qui fait leur bonheur : Simon, un petit garçon athlétique et souriant. Tania, de son côté, n'arrive pas à tomber enceinte.

La guerre commence. La France capitule et instaure le régime de Vichy, qui collabore avec l'ennemi. Pour les juifs, les temps deviennent plus durs. **Tania, dont le mari est parti au front, trouve refuge auprès de sa famille, à Paris**.

Lors d'une séance de sport (une démonstration de plongeon), Tania subjugue toute sa famille et éblouit Maxime, dont le désir renait, plus vif que jamais. Hannah s'aperçoit de ce qui se joue à entre eux : plutôt que de lutter, elle voudrait disparaitre. Elle se console en couvrant son fils d'affection.

Entretemps, **la traque des juifs a débuté**. Maxime convainc sa famille de quitter la France occupée, et de se réfugier à Saint Gaultier. La famille accepte et choisit de rallier la destination en deux vagues les hommes d'abord, puis les femmes et les enfants. Maxime ouvre donc la marche et arrive sans encombre. Les autres vont suivre. Quant à Tania, elle part pour Lyon où elle va régler quelques affaires avant de rejoindre le reste du groupe.

Le départ tarde. Hannah a le temps d'apprendre que Tania a déjà rejoint Maxime à Saint-Gaultier : cette nouvelle la glace. Elle est **terrifiée par le rapprochement de ces deux êtres** irrésistiblement attirés l'un par l'autre.

Le jour du départ, **Hannah hésite, ne veut plus partir**, se laisse trainer comme un poids mort par les autres. Et juste avant de traverser la ligne de démarcation, lors d'un contrôle de routine de l'armée allemande, **elle se dénonce spontanément**, elle et son fils. Ils sont tous deux embarqués, tandis que le reste du groupe rejoint Saint-Gaultier la mort dans l'âme.

Maxime est effondré par la nouvelle et traverse une période douloureuse de deuil. Peu à peu, il se remet et succombe à son désir. **Tania et lui deviennent amants**.

La guerre s'achève et tout le monde rentre à Paris. Tania et Maxime se séparent, mais finissent par choisir de vivre ensemble après avoir appris la mort d'Hannah, de Simon et du mari de Tania. De leur union nait le narrateur.

Chapitre V

La révélation des secrets a transformé le narrateur, mais son **échec au bac** (il bute à l'épreuve orale sur une question sur le régime de Vichy) lui fait prendre conscience que des choses sont encore à explorer. Il se documente, et trouve la dernière pièce du puzzle : il apprend qu'**Hannah et Simon sont morts à Auschwitz**, gazés dès le lendemain de leur arrivée.

Le narrateur réussit son bac et entame des **études de psychanalyse**. Un soir, la mort d'Écho, le petit chien de la famille, donne au narrateur l'occasion de révéler tout ce qu'il sait à son père. Cette vérité enfin prononcée permet de **libérer la famille de son propre secret et de retrouver la sérénité**.

Épilogue

Le narrateur raconte comment, après avoir parcouru les allées d'un cimetière pour chiens, il a décidé d'écrire le livre que nous lisons, afin d'offrir une sépulture à Hannah et Simon et de trouver définitivement la paix avec lui-même.

2. ÉTUDE DES PERSONNAGES

Le narrateur

On devine évidemment **la personne de Philippe Grimbert** lui-même derrière le narrateur de ce récit aux forts accents autobiographiques (voir III-1).

Même si le narrateur raconte son histoire alors qu'il est adulte, c'est surtout de l'enfant qu'il a été dont on parle ici. Cet enfant né après la Seconde Guerre mondiale, à qui personne n'a parlé de la Shoah (le génocide des juifs), mais qui a **complètement intériorisé le traumatisme** vécu par ses parents et sa famille :

- **Son corps tout entier exprime la souffrance des siens**. Il est maigre, pâle et faible, comme s'il avait une maladie ou qu'il était mal nourri. En fait, il ressemble aux prisonniers des camps de concentration qu'il n'a pourtant jamais vus.
- **Psychologiquement, ses troubles sont le reflet du drame qui s'est joué avant sa naissance**. Son frère imaginaire, présence obsédante et parfois inquiétante, avec qui il a une relation faite de complicité autant que de rivalité, ressemble étrangement au demi-frère qu'il n'a pas connu.

Le narrateur **n'arrive pas à trouver d'issue à ces problèmes**, tout comme sa famille n'arrive pas à faire le deuil des évènements tragiques qui ont eu lieu.

En plus d'être un enfant souffrant, le narrateur est un enfant **en quête de sens et de passé**. Le silence de ses parents a laissé un vide qui ne lui permet pas de savoir où est sa place et quelle est son histoire. Il a donc du mal à construire son identité. Pour y parvenir, il essaie de recomposer l'histoire de sa famille, espérant trouver ainsi des réponses aux questions qui l'habitent, et que se pose tout enfant à un moment ou un autre (qui suis-je ? qui sont mes parents ? pourquoi je suis là ? d'où est-ce que je viens ? etc.).

C'est grâce aux confidences de Louise que le narrateur va pouvoir **retracer la véritable histoire de sa famille**. Et même si cette histoire est douloureuse, elle lui permet de trouver des réponses précises à ses questions. Une fois la vérité révélée, il peut enfin **guérir de ses troubles** : les problèmes d'identité, de souffrance physique et psychologique disparaissent peu après.

Maxime

Maxime est le **père du narrateur. Sportif et séduisant**, il est conscient de l'effet qu'il peut faire aux femmes et a passé sa jeunesse à en profiter. La rencontre d'Hannah intervient alors qu'il recherche plus de stabilité, et c'est exactement ce que cette femme douce et aimante va pouvoir lui apporter.

Leur mariage ne peut pourtant pas convenir à Maxime. Lui qui est fortement tourné vers ses sensations physiques, il a besoin de quelqu'un qui puisse répondre à l'appel de son corps, et ce n'est pas le cas d'Hannah. Il s'en rend d'ailleurs compte quand il aperçoit sa belle-sur Tania le jour de son mariage. **L'échec du mariage parait dès lors à peu près inévitable**, même si toute sa vie il se sentira coupable de n'avoir pas pu être maitre de lui-même.

À ce titre, l'activité sportive joue un rôle fondamental dans sa vie. À travers elle, il cherche non seulement à se dépenser, mais aussi à **garder le contrôle sur sa vie**. C'est d'ailleurs dans le sport qu'il se réfugie quand il sent que les choses lui échappent, pour essayer de dompter ses émotions. Par exemple :

- Lorsqu'un documentaire sur la Shoah est diffusé : « Un soir la télévision a diffusé un film sur [la] période [de la guerre] et mon père s'est retiré dans son gymnase, incapable d'en supporter le spectacle. Le choc de ses haltères, les sifflements de sa respiration ont couvert les ordres aboyés dans une langue qu'il ne pouvait plus entendre » (p.64-65).
- Après l'enterrement de son père : « À peine arrivé à la maison mon père a saisi Écho dans ses bras et s'est avancé sur le balcon pour rester un long moment à contempler la rue puis il s'est enfermé comme à son habitude dans le gymnase » (p.165).

Enfin, la **question de l'identité**, et en particulier de l'appartenance à la communauté juive dont il est issu, **est particulièrement importante chez Maxime.** Dès sa jeunesse, il n'attache pas beaucoup d'importance aux rituels juifs (il ne respecte pas le shabbat, accepte un mariage religieux uniquement pour faire plaisir à ses proches). La question devient plus aigüe quand elle touche au recensement des Juifs, au port de l'étoile jaune, et enfin à la modification de l'orthographe de son nom (Grinberg devenant Grimbert, pour paraitre plus Français) : **on reproche à Maxime de renier ses origines**, d'en avoir honte.

Le problème est toutefois complexe et on peut difficilement condamner le comportement de Maxime, même s'il d'autant plus discutable qu'on perçoit chez lui **un certain attrait pour le**

fascisme, qui répond si bien à son gout pour l'activité physique, l'ordre et la discipline (il refuse d'ailleurs longtemps d'envisager que l'occupation allemande puisse représenter un danger). Le point III-3 revient plus en détail sur cette question.

Tania et Hannah

Les deux sœurs, qui vont devenir tour à tour les compagnes de Maxime, **forment un couple très complémentaire**, où l'une possède ce qui manque à l'autre, et vice-versa :

- **Hannah est une femme rêveuse, tendre et douce**. Physiquement, ses traits ronds traduisent son tempérament. Elle est totalement tournée vers les autres, à leur service au point d'être prête à se sacrifier pour eux (c'est d'ailleurs ce qu'elle fera, pour permettre à Tania et Maxime de vivre ensemble). C'est une **figure maternelle par excellence**.
- **Tania est une femme dynamique et séduisante**. Elle s'ennuie dans la routine de son premier mariage, et trouve avec Maxime la passion forte dont elle a besoin pour s'épa nouir. Elle incarne un genre de **femme fatale, toute en séduction**, mais à peu près incapable de devenir mère (pendant longtemps, elle ne parvient pas à tomber enceinte, et l'accouchement de son premier et seul enfant se fait dans la douleur).

Louise

Femme d'âge mûr, à l'apparence ingrate (elle a un pied-bot, et son visage est marqué par l'alcool et le tabac), Louise travaille dans un cabinet médical juste à côté du magasin des parents du narrateur. Elle jour pour toute la famille le rôle du **médecin, tant pour les corps** (elle apporte au narrateur les soins médicaux nécessaires, elle masse Tania et Maxime après leurs efforts sportifs) **que pour les âmes** (c'est la confidente privilégiée du narrateur, et c'est grâce à ses mots qu'il va guérir). C'est une personne extrêmement **ouverte et tolérante**, toujours à l'écoute des gens.

3. CLÉS DE LECTURE

Roman, témoignage, récit autobiographique ?

Le statut du livre pose question : si la dimension autobiographique du texte est évidente, on ne peut pas pour autant vraiment parler d'autobiographie ou de témoignage. En fait, il y a à la fois des **éléments du genre autobiographique et du genre romanesque**.

a) L'autobiographique

- **Temps et espace.** Le récit se déroule à un moment récent de l'histoire contemporaine, et fait référence à toute une série d'**évènements qui se sont réellement déroulés**. De la même manière, tous les endroits cités dans le livre existent réellement.
- **Les personnages du livre sont des personnes réelles.** En particulier, le narrateur ne fait qu'un avec l'auteur, et la présence d'éléments « vérifiables », comme l'anecdote du changement d'orthographe du nom Grimbert ou le fait que l'auteur est devenu psychanalyste, donne au récit une réelle authenticité.
- **L'épilogue** achève d'ancrer le récit dans le réel, puisqu'il montre que même après la « fin de l'histoire », **la vie se poursuit**. C'est un procédé souvent utilisé dans les récits d'évènements réels, en littérature comme au cinéma.

b) Le romanesque

- **Maitrise des personnages.** Le narrateur attribue des pensées, des sentiments, des états d'âme à tous les personnages, même quand il relate des faits qui ont eu lieu avant sa naissance. Or il est évident qu'il n'a aucun moyen de pénétrer leur intériorité ; il ne peut qu'imaginer, supposer, deviner.
- **Maitrise de la construction du récit.** Loin d'être une succession d'éléments « bruts », l'histoire est présentée par un narrateur qui la contrôle et qui l'organise très bien. On peut ainsi citer deux exemples de procédés typiques de l'écriture romanesque :
  - Dès le début, il cache le dénouement mais **multiplie les effets d'annonce** et les sous-entendus, que ce soit sur l'existence de son frère, sur son nom, sur l'issue de son histoire (p.ex. : « À les entendre je portais depuis toujours ce nom bien de chez nous », p.15).

- Certaines personnes, comme les deux surs Tania et Hannah, forment un couple si complémentaire qu'on peut difficilement ne pas y voir un **système de personnages romanesque**.

Il ne faut donc pas considérer le texte comme étant un simple témoignage, mais plutôt comme un **récit vraisemblable construit à partir du réel** (auquel il ne colle pas nécessairement de façon parfaite). Une qualification adéquate pourrait être celle de **roman autobiographique**.

Un récit thérapeutique

Comme le titre l'indique, **le sujet essentiel du roman est la question du secret de famille**, vécu dans la douleur autant par le narrateur que par ses parents. Le fait de raconter, de mettre en mots le traumatisme, d'explorer le passé familial, va avoir un effet bénéfique. **La parole a ainsi un effet thérapeutique**.

Soigner par les mots en explorant le passé familial : c'est exactement **la méthode proposée par la psychanalyse**. En psychanalyse, le fait de révéler la vérité enfouie, refoulée dans l'inconscient personnel ou collectif est considéré comme essentiel pour parvenir à guérir de ses troubles. Le fait que l'auteur soit lui-même psychanalyste n'est donc pas étonnant.

L'orientation psychanalytique de l'auteur se perçoit également dans sa manière d'aborder la question de **la sexualité de l'enfant**. Sans trop s'y attarder, il évoque clairement les pulsions sexuelles de l'enfant puis de l'adolescent : ce jeune garçon issu d'un amour adultère et quasi incestueux (son père et sa belle-sur !), fruit de la transgression d'un interdit, **nourrit lui-même des désirs coupables**, interdits voire déviants. Ainsi, lorsqu'il voit son premier documentaire sur la Shoah : « Les premières nudités qu'il m'était donné d'apercevoir à l'écran, taches pâles qui se détachaient sur le fond gris des baraquements. Sachant trop bien ce que j'allais en faire une fois seul dans ma chambre, j'ai attardé mon regard sur ces chairs déjà profanées » (p.65).

L'identité juive en question

À travers l'attitude de Maxime durant l'Occupation se pose la **question de l'identité et de l'appartenance à la communauté juive**. Dès sa jeunesse, il a marqué peu d'attachement pour la religion juive. Ce détachement se confirme quand, pendant la guerre, il refuse de se signaler à l'administration lors du recensement des Juifs dès 1940, puis quand il refuse d'envisager le port de l'étoile jaune en 1942. Plus tard, il ira jusqu'à transformer son nom de famille pour le faire paraitre plus Français.

Cette attitude suscite les reproches du reste de la communauté juive, qui y voit un rejet, voire une trahison. Pour eux, le fait d'assumer son identité juive est un principe qui ne peut être remis en cause. Or **refuser par exemple le port de l'étoile jaune équivalait pour beaucoup à refuser d'être Juif** : c'était donc tout simplement impensable. C'est peut-être bien une des raisons qui explique pourquoi les Juifs se sont montrés si collaboratifs durant l'Occupation, notamment lors du recensement effectué par les Nazis en 40.

Bon à savoir : le secret de famille

Quand un traumatisme (décès, catastrophe naturelle, attentat, guerre) ne parvient pas à être accepté, apprivoisé par une famille, il reste là, sous forme de problème latent qui peut se manifester de différentes manières, psychologiquement ou physiquement. Même quand le silence qui entoure le traumatisme est complet, tous les membres de la famille, y compris ceux qui ne l'ont pas vécu et n'en ont pas directement entendu parler, savent de quoi il est question, de manière plus ou moins consciente, plus ou moins claire. Des secrets peuvent ainsi se transmettre d'une génération à l'autre, de façon muette, avec les souffrances qui les accompagnent.

Concernant Maxime, on peut se demander s'il ne rejette pas effectivement ses origines de manière trop radicale, et comprendre l'indignation de sa famille. Mais, quand on sait combien l'attitude collaborative des Juifs a en fait servi la cause nazie (c'est à partir des recensements de 1940 que la traque de 1942 a été orchestrée), **on ne peut pas nécessairement lui donner tort**. Beaucoup auraient peut-être eu la vie sauve s'ils avaient agi de la même manière.

Derrière cette question, il y a donc un **véritable problème de conscience** auquel il est bien difficile, même aujourd'hui, de trouver une issue.

4. PISTES DE RÉFLEXION

Quelques questions pour approfondir sa réflexion

- En quoi peut-on dire que l'influence de la psychanalyse se ressent dans le roman ?
- À votre avis, *Un secret* est-il plus proche de la fiction ou de la réalité ? Justifiez.
- Dans le roman, la parole a un effet thérapeutique, et de nombreux problèmes trouvent leur solution lorsque le silence est levé. Pensez-vous qu'il en est toujours ainsi ? Que toutes les vérités sont bonnes à dire ? Discutez.
- La faiblesse, l'oppression, le silence et le non-dit sont quelques-uns des sentiments qui caractérisent l'enfance du narrateur. Au cinéma, comment pourrait-on s'y prendre pour traduire ces impressions ?
- Pensez-vous que Maxime a eu tort de ne pas porter l'étoile jaune ? Expliquez.
- Que penser du sacrifice de Hannah ? Est-il justifié, compréhensible, anormal ? Pourquoi ?
- *Un secret* tient à la fois du témoignage et du roman. Pensez-vous que le fait de retravailler ses souvenirs ou son vécu de manière littéraire apporte quelque chose en plus, ou bien est-ce au contraire négatif ? Discutez.
- Doit-on condamner Tania et Maxime pour leur union ? Expliquez.

5. INFORMATIONS COMPLÉMENTAIRES

Édition de référence

- Ph. Grimbert, *Un secret*, LGF, 2006, « Le livre de poche ».

Film

- 2007, *Un secret*, de Claude Miller, avec Patrick Bruel (Maxime), Cécile de France (Tania), Ludivine Sagnier (Hannah).

Document intéressant

- Un article de Serge Tisseron, sciences humaines.com, consulté le 21 juin 2010 sur les secrets de famille : http://www.scienceshumaines.com/le-poids-des-secrets-de-famille_fr_12501.html

Frank, *Le Journal d'Anne Frank*
Gary, *La Promesse de l'aube*
Gary, *La Vie devant soi*
Gary, *Les Cerfs-volants*
Gary, *Les Racines du ciel*
Gaudé, *Eldorado*
Gaudé, *La Mort du roi Tsongor*
Gaudé, *Le Soleil des Scorta*
Gautier, *La morte amoureuse*
Gautier, *Le capitaine Fracasse*
Gautier, *Le chevalier double*
Gautier, *Le pied de momie et autres contes*
Gavalda, *35 kilos d'espoir*
Gavalda, *Ensemble c'est tout*
Genet, *Journal d'un voleur*
Gide, *La Symphonie pastorale*
Gide, *Les Caves du Vatican*
Gide, *Les Faux-Monnayeurs*
Giono, *Le Chant du monde*
Giono, *Le Grand Troupeau*
Giono, *Le Hussard sur le toit*
Giono, *L'homme qui plantait des arbres*
Giono, *Les Âmes fortes*
Giono, *Un roi sans divertissement*
Giordano, *La solitude des nombres premiers*
Giraudoux, *Electre*
Giraudoux, *La guerre de Troie n'aura pas lieu*
Gogol, *Le Manteau*
Gogol, *Le Nez*
Golding, *Sa Majesté des Mouches*
Grimbert, *Un secret*
Grimm, *Contes*
Gripari, *Le Bourricot*
Guilleragues, *Lettres de la religieuse portugaise*
Gunzig, *Mort d'un parfait bilingue*
Harper Lee, *Ne tirez pas sur l'oiseau moqueur*
Hemingway, *Le Vieil Homme et la Mer*
Hessel, *Engagez-vous!*
Hessel, *Indignez-vous!*
Higgins, *Harold et Maud*
Higgins Clark, *La nuit du renard*
Homère, *L'Iliade*
Homère, *L'Odyssée*
Horowitz, *La Photo qui tue*
Horowitz, *L'Île du crâne*
Hosseini, *Les Cerfs-volants de Kaboul*
Houellebecq, *La Carte et le Territoire*
Hugo, *Claude Gueux*
Hugo, *Hernani*
Hugo, *Le Dernier Jour d'un condamné*
Hugo, *L'Homme qui Rit*
Hugo, *Notre-Dame de Paris*
Hugo, *Quatrevingt-Treize*
Hugo, *Les Misérables*
Hugo, *Ruy Blas*
Huston, *Lignes de faille*
Huxley, *Le meilleur des mondes*
Huysmans, *À rebours*
Huysmans, *Là-Bas*
Ionesco, *La cantatrice Chauve*
Ionesco, *La leçon*
Ionesco, *Le Roi se meurt*
Ionesco, *Rhinocéros*
Istrati, *Mes départs*
Jaccottet, *A la lumière d'hiver*
Japrisot, *Un long dimanche de fiançailles*
Jary, *Ubu Roi*
Joffo, *Un sac de billes*
Jonquet, *La vie de ma mère!*
Juliet, *Lambeaux*
Kadaré, *Qui a ramené Doruntine?*
Kafka, *La Métamorphose*
Kafka, *Le Château*
Kafka, *Le Procès*
Kafka, *Lettre au père*
Kerouac, *Sur la route*
Kessel, *Le Lion*
Khadra, *L'Attentat*
Koenig, *Nitocris, reine d'Egypte*
La Bruyère, *Les Caractères*
La Fayette, *La Princesse de Clèves*
La Fontaine, *Fables*
La Rochefoucauld, *Maximes*
Läckberg, *La Princesse des glaces*
Läckberg, *L'oiseau de mauvais augure*
Laclos, *Les Liaisons dangereuses*
Lamarche, *Le jour du chien*
Lampedusa, *Le Guépard*
Larsson, *Millenium I. Les hommes qui n'aimaient pas les femmes*
Laye, *L'enfant noir*
Le Clézio, *Désert*
Le Clézio, *Mondo*
Leblanc, *L'Aiguille creuse*
Leiris, *L'Âge d'homme*
Lemonnier, *Un mâle*
Leprince de Beaumont, *La Belle et la Bête*
Leroux, *Le Mystère de la Chambre Jaune*
Levi, *Si c'est un homme*
Levy, *Et si c'était vrai...*
Levy, *Les enfants de la liberté*
Levy, *L'étrange voyage de Monsieur Daldry*
Lewis, *Le Moine*
Lindgren, *Fifi Brindacier*
Littell, *Les Bienveillantes*
London, *Croc-Blanc*
London, *L'Appel de la forêt*
Maalouf, *Léon l'africain*
Maalouf, *Les échelles du levant*
Machiavel, *Le Prince*
Madame de Staël, *Corinne ou l'Italie*
Maeterlinck, *Pelléas et Mélisande*
Malraux, *La Condition humaine*
Malraux, *L'Espoir*
Mankell, *Les chaussures italiennes*
Marivaux, *Les Acteurs de bonne foi*
Marivaux, *L'île des esclaves*
Marivaux, *La Dispute*
Marivaux, *La Double Inconstance*
Marivaux, *La Fausse Suivante*
Marivaux, *Le Jeu de l'amour et du hasard*
Marivaux, *Les Fausses Confidences*
Maupassant, *Boule de Suif*
Maupassant, *La maison Tellier*
Maupassant, *La morte et autres nouvelles fantastiques*
Maupassant, *La parure*
Maupassant, *La peur et autres contes fantastiques*
Maupassant, *Le Horla*
Maupassant, *Mademoiselle Perle et autres nouvelles*
Maupassant, *Toine et autres contes*
Maupassant, *Bel-Ami*
Maupassant, *Le papa de Simon*
Maupassant, *Pierre et Jean*
Maupassant, *Une vie*
Mauriac, *Le Mystère Frontenac*
Mauriac, *Le Noeud de vipères*
Mauriac, *Le Sagouin*
Mauriac, *Thérèse Desqueyroux*
Mazetti, *Le mec de la tombe d'à côté*
McCarthy, *La Route*
Mérimée, *Colomba*
Mérimée, *La Vénus d'Ille*
Mérimée, *Carmen*
Mérimée, *Les Âmes du purgatoire*
Mérimée, *Matéo Falcone*
Mérimée, *Tamango*
Merle, *La mort est mon métier*
Michaux, *Ecuador et un barbare en Asie*
Mille et une Nuits
Mishima, *Le pavillon d'or*
Modiano, *Lacombe Lucien*
Molière, *Amphitryon*
Molière, *L'Avare*
Molière, *Le Bourgeois gentilhomme*
Molière, *Le Malade imaginaire*
Molière, *Le Médecin volant*
Molière, *L'Ecole des femmes*
Molière, *Les Précieuses ridicules*
Molière, *L'Impromptu de Versailles*
Molière, *Dom Juan*
Molière, *Georges Dandin*
Molière, *Le Misanthrope*
Molière, *Le Tartuffe*
Molière, *Les Femmes savantes*
Molière, *Les Fourberies de Scapin*
Montaigne, *Essais*
Montesquieu, *L'Esprit des lois*
Montesquieu, *Lettres persanes*
More, *L'Utopie*
Morpurgo, *Le Roi Arthur*
Musset, *Confession d'un enfant du siècle*
Musset, *Fantasio*
Musset, *Il ne faut juger de rien*
Musset, *Les Caprices de Marianne*
Musset, *Lorenzaccio*
Musset, *On ne badine pas avec l'amour*
Musso, *La fille de papier*
Musso, *Que serais-je sans toi?*
Nabokov, *Lolita*
Ndiaye, *Trois femmes puissantes*
Nemirovsky, *Le Bal*
Nemirovsky, *Suite française*
Nerval, *Sylvie*
Nimier, *Les inséparables*
Nothomb, *Hygiène de l'assassin*
Nothomb, *Stupeur et tremblements*
Nothomb, *Une forme de vie*
N'Sondé, *Le coeur des enfants léopards*
Obaldia, *Innocentines*
Onfray, *Le corps de mon père, autobiographie de ma mère*
Orwell, *1984*
Orwell, *La Ferme des animaux*
Ovaldé, *Ce que je sais de Vera Candida*
Ovide, *Métamorphoses*
Oz, *Soudain dans la forêt profonde*

Pagnol, *Le château de ma mère*
Pagnol, *La gloire de mon père*
Pancol, *La valse lente des tortues*
Pancol, *Les écureuils de Central Park sont tristes le lundi*
Pancol, *Les yeux jaunes des crocodiles*
Pascal, *Pensées*
Péju, *La petite chartreuse*
Pennac, *Cabot-Caboche*
Pennac, *Au bonheur des ogres*
Pennac, *Chagrin d'école*
Pennac, *Kamo*
Pennac, *La fée carabine*
Perec, *W ou le souvenir d'Enfance*
Pergaud, *La guerre des boutons*
Perrault, *Contes*
Petit, *Fils de guerre*
Poe, *Double Assassinat dans la rue Morgue*
Poe, *La Chute de la maison Usher*
Poe, *La Lettre volée*
Poe, *Le chat noir et autres contes*
Poe, *Le scarabée d'or*
Poe, *Manuscrit trouvé dans une bouteille*
Polo, *Le Livre des merveilles*
Prévost, *Manon Lescaut*
Proust, *Du côté de chez Swann*
Proust, *Le Temps retrouvé*
Queffélec, *Les Noces barbares*
Queneau, *Les Fleurs bleues*
Queneau, *Pierrot mon ami*
Queneau, *Zazie dans le métro*
Quignard, *Tous les matins du monde*
Quint, *Effroyables jardins*
Rabelais, *Gargantua*
Rabelais, *Pantagruel*
Racine, *Andromaque*
Racine, *Bajazet*
Racine, *Bérénice*
Racine, *Britannicus*
Racine, *Iphigénie*
Racine, *Phèdre*
Radiguet, *Le diable au corps*
Rahimi, *Syngué sabour*
Ray, *Malpertuis*
Remarque, *A l'Ouest, rien de nouveau*
Renard, *Poil de carotte*
Reza, *Art*
Richter, *Mon ami Frédéric*
Rilke, *Lettres à un jeune poète*
Rodenbach, *Bruges-la-Morte*
Romains, *Knock*
Roman de Renart
Rostand, *Cyrano de Bergerac*
Rotrou, *Le Véritable Saint Genest*
Rousseau, *Du Contrat social*
Rousseau, *Emile ou de l'Education*
Rousseau, *Les Confessions*
Rousseau, *Les Rêveries du promeneur solitaire*
Rowling, *Harry Potter–La saga*
Rowling, *Harry Potter à l'école des sorciers*
Rowling, *Harry Potter et la Chambre des Secrets*
Rowling, *Harry Potter et la coupe de feu*
Rowling, *Harry Potter et le prisonnier d'Azkaban*
Rufin, *Rouge brésil*
Saint-Exupéry, *Le Petit Prince*
Saint-Exupéry, *Vol de nuit*
Saint-Simon, *Mémoires*
Salinger, *L'attrape-coeurs*
Sand, *Indiana*
Sand, *La Mare au diable*
Sarraute, *Enfance*
Sarraute, *Les Fruits d'Or*
Sartre, *La Nausée*
Sartre, *Les mains sales*
Sartre, *Les mouches*
Sartre, *Huis clos*
Sartre, *Les Mots*
Sartre, *L'existentialisme est un humanisme*
Sartre, *Qu'est-ce que la littérature?*
Schéhérazade et Aladin
Schlink, *Le Liseur*
Schmitt, *Odette Toutlemonde*
Schmitt, *Oscar et la dame rose*
Schmitt, *La Part de l'autre*
Schmitt, *Monsieur Ibrahim et les fleurs du Coran*
Semprun, *Le mort qu'il faut*
Semprun, *L'Ecriture ou la vie*
Sépulvéda, *Le Vieux qui lisait des romans d'amour*
Shaffer et Barrows, *Le Cercle littéraire des amateurs d'épluchures de patates*
Shakespeare, *Hamlet*
Shakespeare, *Le Songe d'une nuit d'été*
Shakespeare, *Macbeth*
Shakespeare, *Romeo et Juliette*
Shan Sa, *La Joueuse de go*
Shelley, *Frankenstein*
Simenon, *Le bourgmestre de Fume*
Simenon, *Le chien jaune*
Sinbad le marin
Sophocle, *Antigone*
Sophocle, *Œdipe Roi*
Steeman, *L'Assassin habite au 21*
Steinbeck, *La perle*
Steinbeck, *Les raisins de la colère*
Steinbeck, *Des souris et des hommes*
Stendhal, *Les Cenci*
Stendhal, *Vanina Vanini*
Stendhal, *La Chartreuse de Parme*
Stendhal, *Le Rouge et le Noir*
Stevenson, *L'Etrange cas du Docteur Jekyll et de M. Hyde*
Stevenson, *L'Île au trésor*
Süskind, *Le Parfum*
Szpilman , *Le Pianiste*
Taylor, *Inconnu à cette adresse*
Tirtiaux, *Le passeur de lumière*
Tolstoï, *Anna Karénine*
Tolstoï, *La Guerre et la paix*
Tournier, *Vendredi ou la vie sauvage*
Tournier, *Vendredi ou les limbes du pacifique*
Toussaint, *Fuir*
Tristan et Iseult
Troyat, *Aliocha*
Uhlman, *L'Ami retrouvé*
Ungerer, *Otto*
Vallès, *L'Enfant*
Vargas, *Dans les bois éternels*
Vargas, *Pars vite et reviens tard*
Vargas, *Un lieu incertain*
Verne, *Deux ans de vacances*
Verne, *Le Château des Carpathes*
Verne, *Le Tour du monde en 80 jours*
Verne, *Madame Zacharius, Aventures de la famille Raton*
Verne, *Michel Strogoff*
Verne, *Un hivernage dans les glaces*
Verne, *Voyage au centre de la terre*
Vian, *L'écume des jours*
Vigny, *Chatterton*
Virgile, *L'Enéide*
Voltaire, *Jeannot et Colin*
Voltaire, *Le monde comme il va*
Voltaire, *L'Ingénu*
Voltaire, *Zadig*
Voltaire, *Candide*
Voltaire, *Micromégas*
Wells, *La guerre des mondes*
Werber, *Les Fourmis*
Wilde, *Le Fantôme de Canterville*
Wilde, *Le Portrait de Dorian Gray*
Woolf, *Mrs Dalloway*
Yourcenar, *Comment Wang-Fô fut sauvé*
Yourcenar, *Mémoires d'Hadrien*
Zafón, *L'Ombre du vent*
Zola, *Au Bonheur des Dames*
Zola, *Germinal*
Zola, *Jacques Damour*
Zola, *La Bête Humaine*
Zola, *La Fortune des Rougon*
Zola, *La mort d'Olivier Bécaille et autres nouvelles*
Zola, *L'attaque du moulin et autre nouvelles*
Zola, *Madame Sourdis et autres nouvelles*
Zola, *Nana*
Zola, *Thérèse Raquin*
Zola, *La Curée*
Zola, *L'Assommoir*
Zweig, *La Confusion des sentiments*
Zweig, *Le Joueur d'échecs*

NOTES

1802184R00013

Printed in Germany
by Amazon Distribution
GmbH, Leipzig